CONSIDÉRATIONS

POLITIQUES ET MORALES.

PRIX : 1 f. 25 cent.

PARIS.

A LA LIBRAIRIE DE LACRETELLE AÎNÉ ET COMPAGNIE, rue Dauphine, nº 20 ;

Et chez les marchands de nouveautés.

Mai 1820.

TABLE DES MATIÈRES.

CONSIDÉRATIONS

POLITIQUES ET MORALES.

PENSÉES DÉTACHÉES.

1°. Quand un gouvernement régulier se permet l'emploi de l'arbitraire, il sacrifie le but de son existence aux mesures qu'il prend pour la conserver. Pourquoi veut-on que l'autorité réprime ceux qui attaqueraient nos propriétés, notre liberté, on notre vie? pour que ces jouissances nous soient assurées. Mais si notre fortune peut être détruite, notre liberté menacée, notre vie troublée par l'arbitraire, quel bien retirons-nous de la protection de l'autorité? Pourquoi veut-on qu'elle punisse ceux qui conspireraient contre la constitution de l'état? parce que l'on craint que ces conspirateurs ne substituent une puissance oppressive à une organisation légale et modérée. Mais si l'autorité exerce elle-même cette puissance oppressive, quel avantage conserve-t-elle? un avantage de fait, pendant quelque temps, peut-être. Les mesures arbitraires d'un gouvernement consolidé sont toujours moins multipliées que celles des factions qui ont encore à établir leur puissance. Mais cet avantage même se perd en raison de l'usage de l'arbitraire ; ses moyens une fois admis, on les trouve tellement courts, tel-

*

lement commodes, qu'on ne veut plus en employer d'autres. Présenté d'abord comme une ressource extrême dans des circonstances infiniment rares, l'arbitraire devient la solution de tous les problêmes et la pratique de chaque jour. Alors, non-seulement le nombre des ennemis de l'autorité s'augmente aves celui des victimes, mais sa défiance s'accroît hors de toute proportion avec le nombre de ses ennemis. Une atteinte portée à la liberté en appelle d'autres, et le pouvoir entré dans cette route, finit par se mettre de pair avec les factions.

2°. Une seule loi barbare décide de la législation tout entière. Aucune loi juste ne demeure inviolable, auprès d'une seule mesure qui soit illégale. On ne peut refuser la liberté aux uns, et l'accorder aux autres. Supposez un seul acte de rigueur contre des hommes qui ne soient pas convaincus, toute liberté devient impossible. Celle de la presse? on s'en servira pour émouvoir le peuple en faveur de victimes peut-être innocentes. La liberté individuelle? ceux que vous poursuivez s'en prévaudront pour vous échapper. La liberté d'industrie? elle fournira des ressources aux proscrits. Il faudra donc les gêner toutes, les anéantir également. Les hommes voudraient transiger avec la justice, sortir de son cercle pour un jour, pour un obstacle, et rentrer ensuite dans l'ordre. Ils voudraient la garantie de la règle et le succès de l'exception; la nature s'y oppose; son système est complet et régulier. Une seule déviation le détruit; comme, dans un calcul arithmétique, l'erreur d'un chiffre ou de mille fausse de même le résultat.

3°. Tout gouvernement modéré, tout gouvernement qui conserve quelques prétentions à la régularité et à la justice, se perd par toute interruption de la justice, par toute déviation de la régularité. Comme il est dans sa nature de s'adoucir tôt ou tard, ses ennemis attendent cette époque pour se prévaloir des souvenirs armés contre lui. La violence a paru le sauver un instant; mais elle a rendu sa chute plus inévitable; car, en le délivrant de quelques adversaires, elle a généralisé la haine que ces adversaires lui portaient.

Soyez justes, dirai-je toujours aux hommes investis de la puissance! soyez justes, quoi qu'il arrive; car si vous ne pouviez gouverner avec la justice, avec l'injustice même vous ne gouverneriez pas long-temps.

4°. Il n'y a point d'excuses pour des moyens qui servent également à toutes les intentions et à tous les buts, et qui, invoqués par les hommes honnêtes contre les brigands, se retrouvent dans la bouche des brigands avec l'autorité des hommes honnêtes, avec la même apologie de la nécessité, avec le même prétexte du salut public.

On nous objecte l'intérêt de l'état, les dangers de la lenteur, le salut public. N'avons-nous pas entendu suffisamment ces mêmes paroles sous le système le plus exécrable? ne s'useront-elles jamais? Si vous admettez ces prétextes imposans, ces mots spécieux, chaque parti verra l'intérêt de l'état dans la destruction de ses ennemis, les dangers de la lenteur dans une heure d'examen, le salut public dans une condamnation sans jugement et sans preuves.

5°. L'arbitraire, soit qu'il s'exerce au nom d'un seul ou au nom de tous, poursuit l'homme dans tous ses moyens de repos et de bonheur.

Il détruit la morale, car il n'y a point de morale sans sécurité; il n'y a point d'affections douces sans la certitude que les objets de ces affections reposent à l'abri, sous la sauvegarde de leur innocence. Lorsque l'arbitraire frappe sans scrupule les hommes qui lui sont suspects, ce n'est pas seulement un individu qu'il persécute, c'est la nation entière qu'il indigne d'abord, et qu'il dégrade ensuite. Les hommes tendent toujours à s'affranchir de la douleur: quand ce qu'ils aiment est menacé, ils s'en détachent ou le défendent. Les mœurs, dit M. de Paw, se corrompent subitement dans les villes attaquées de la peste; on s'y vole l'un l'autre en mourant. L'arbitraire est au moral ce que la peste est au physique.

6°. On abuse les peuples, lorsqu'on leur dit : L'intérêt du maître est d'accord avec le vôtre ; tenez-vous tranquilles ; l'arbitraire ne vous atteindra pas ; il ne frappe que les imprudens qui le provoquent ; celui qui se résigne et se tait se trouve partout à l'abri.

Rassuré par ce vain sophisme, ce n'est pas contre les oppresseurs qu'on s'élève, c'est aux opprimés qu'on cherche des torts. Nul ne sait être courageux, même par prudence. On ouvre à la tyrannie un libre passage, se flattant d'être ménagé. Chacun marche, les yeux baissés, dans l'étroit sentier qui doit le conduire en sûreté vers la tombe ; mais quand l'arbitraire est toléré, il se dissémine, de manière que le citoyen le plus inconnu peut tout à coup le rencontrer armé contre lui.

Quelles que soient les espérances des âmes pusillanimes, heureusement pour la moralité de l'espèce humaine, il ne suffit pas de se tenir à l'écart et de laisser frapper les autres. Mille liens nous unissent à nos semblables, et l'égoïsme le plus inquiet ne parvient pas à les briser tous. Vous vous croyez invulnérable dans votre obscurité volontaire : mais vous avez un fils ; la jeunesse l'entraîne ; un frère moins prudent que vous se permet un murmure ; un ancien ennemi, qu'autrefois vous avez blessé, a su conquérir quelque influence ; votre maison d'Albe charme les regards d'un prétorien. Que ferez-vous alors ? Après avoir, avec amertume, blâmé toute réclamation, rejeté toute plainte, vous plaindrez-vous à votre tour ? vous êtes condamné d'avance, et par votre propre conscience, et par cette opinion publique avilie que vous avez contribué vous-même à former ? Céderez-vous sans résistance ? mais vous permettra-t-on de céder ? n'écartera-t-on pas, ne poursuivra-t-on point un objet importun, monument d'une injustice ? Des innocens ont disparu, vous les avez jugés coupables ;

vous avez donc frayé la route où vous marchez à votre tour.

7°. Le pouvoir absolu s'est toujours écroulé au moment où de longs efforts, couronnés par le succès, l'avaient dé-livré de tout obstacle, et semblaient lui promettre une durée paisible.

En Angleterre, ce pouvoir s'établit sous Henri VIII. Éli-sabeth le consolide. On admire l'autorité sans bornes de cette reine. Mais son successeur est condamné sans cesse à lutter contre la nation qu'on croyait asservie; et le fils de ce successeur, illustre victime, périt sur un échafaud.

Louis XIV, dans ses mémoires, détaille avec complai-sance tout ce qu'il avait fait pour détruire l'autorité des par-lemens, du clergé, de tous les corps intermédiaires. Il se félicite de l'accroissement de sa puissance devenue illimitée. Il s'en fait un mérite envers les rois qui doivent le rempla-cer sur le trône. Il écrivait vers l'an 1666 : cent vingt-trois ans après, la monarchie française était renversée.

La raison de cette marche inévitable des choses est sim-ple et manifeste. Les institutions, qui servent de barrières au pouvoir, lui servent en même temps d'appuis. Elles le guident dans sa route : elles le soutiennent dans ses efforts ; elles le modèrent dans ses accès de violence, et l'encou-ragent dans ses momens d'apathie. Elles réunissent autour de lui les intérêts des diverses classes. Lors même qu'il lutte contre elles, elles lui imposent de certains ménage-mens qui rendent ses fautes moins dangereuses. Mais quand ces institutions sont détruites, le pouvoir, ne trou-vant rien qui le dirige, rien qui le contienne, commence à marcher au hasard. Son allure devient inégale et vagabonde. Comme il n'a plus aucune règle fixe, il avance, il recule, il s'agite, il ne sait jamais s'il en fait assez, s'il n'en fait pas trop. Tantôt il s'emporte, et rien ne le calme ; tantôt il s'af-faisse, et rien ne le ranime. Il s'est défait de ses alliés en croyant se débarrasser de ses adversaires. L'arbitraire qu'il exerce est une sorte de responsabilité mêlée de remords, qui le trouble et le tourmente.

On a dit souvent que la prospérité des états libres était passagère; celle du pouvoir absolu l'est bien plus encore. Il n'y a pas un état despotique qui ait subsisté dans toute sa force aussi long-temps que la liberté anglaise.

Le despotisme a trois chances : ou il révolte le peuple, et le peuple le renverse; ou il énerve le peuple, et alors, si les étrangers l'attaquent, il est renversé par les étrangers; ou si les étrangers ne l'attaquent pas, il dépérit lui-même plus lentement, mais d'une manière plus honteuse et non moins certaine.

8°. Jamais un peuple ne se détache de ce qui est véritablement la liberté : dire qu'il s'en détache, c'est dire qu'il aime l'humiliation, la douleur, le dénûment et la misère ; c'est prétendre qu'il se résigne sans peine à être séparé des objets de son amour, interrompu dans ses travaux, dépouillé de ses biens, tourmenté dans ses opinions et dans ses plus secrètes pensées, traîné dans les cachots et sur l'échafaud. Car c'est contre ces choses que les garanties de la liberté sont instituées; c'est pour être préservé de ces fléaux que le peuple craint, qu'il maudit, qu'il déteste; en quelque lieu, sous quelque dénomination qu'il les rencontre, il s'épouvante, il recule. Ce qu'il abhorrait dans ce que ses oppresseurs appelaient la liberté, c'était l'esclavage. Quand l'esclavage se montre à lui sous son vrai nom, sous ses véritables formes, croit-on qu'il le déteste moins?

9°. Aucun siècle ne sera jamais tellement déshérité par le ciel, qu'il présente le genre humain tout entier tel qu'il le faudrait pour le despotisme. La haine de l'oppression, soit au nom d'un seul, soit au nom de tous, s'est transmise d'âge en âge : l'avenir ne trahira pas cette belle cause; il restera toujours de ces hommes pour qui la justice est une passion, la défense du faible un besoin. La nature a voulu cette succession : nul n'a jamais pu l'interrompre, nul ne

(7)

l'interrompra jamais ; ces hommes céderont toujours à cette impulsion magnanime ; beaucoup souffriront, beaucoup périront peut-être ; mais la terre à laquelle ira se mêler leur cendre sera soulevée par cette cendre, et s'entr'ouvrira tôt ou tard.

10°. Étouffer dans le sang l'opinion mécontente, est la maxime favorite de certains profonds politiques ; mais on n'étouffe pas l'opinion : le sang coule, mais elle surnage, revient à la charge, et triomphe. Plus elle est comprimée, plus elle est terrible ; elle pénètre dans les esprits avec l'air qu'on respire ; elle devient le sentiment habituel, l'idée fixe de chacun : l'on ne se rassemble pas pour conspirer, mais tous ceux qui se rencontrent conspirent.

11°. Ce ne sont point des temps sans compensation que ceux où le despotisme, dédaignant une hypocrisie qu'il croit inutile, arbore ses propres couleurs, et déploie avec insolence des étendards long-temps connus. Combien il vaut mieux souffrir de l'oppression de ses ennemis, que rougir des excès de ses alliés ! On rencontre alors l'approbation de tout ce qu'il y a de vertueux sur la terre. On plaide une noble cause en présence du monde, et secondé par les vœux de tous les hommes de bien.

DE LA JEUNESSE FRANÇAISE

Deux cent soixante étudians en médecine de la Faculté de Paris, ont présenté aux membres du côté gauche de la chambre des députés, à l'occasion de leur vote contre les projets qui donnaient aux ministres un pouvoir discrétionnaire sur les personnes et sur les pensées, l'adresse suivante :

« Messieurs,

» Après de grands sacrifices et de très-longs malheurs,
nous commencions enfin à jouir paisiblement des libertés
que nous avions si chèrement achetées ; mais un jour a suffi
aux ministres pour les remettre toutes en question ; à ce
coup imprévu, la France, justement alarmée, a tourné ses
regards vers ses députés. Et vous, messieurs, fidèles à votre
mandat, vous avez prouvé à la France, que si la cause sacrée de la liberté ne pouvait triompher de ses nombreux
ennemis, du moins il était impossible de déployer pour sa
défense plus de patriotisme, de courage et de talent. Oui,
la France les a entendues les cent quinze voix qui se sont
élevées au moment où trois ministres demandaient que la
personne de tous les Français fût mise à leur discrétion, et
des milliers de voix y ont répondu par des acclamations.

» Nous aussi, dont le cœur palpite aux doux noms de patrie et de liberté ; nous, dont le sincère attachement au gouvernement constitutionnel ne saurait être suspect, nous
avons entendu vos voix éloquentes, et nous ne voulons pas
rester muets au milieu des accens de la reconnaissance publique. Une jeunesse franchement constitutionnelle, qui ne
voit de garantie et de stabilité pour les droits du trône comme
pour ceux du peuple, que dans l'exécution fidèle de la loi
fondamentale de l'état, n'a pu voir sans une vive émotion
les généreux efforts que vous avez faits pour sauver nos libertés d'une destruction complète. Elle essaierait en vain
de vous exprimer toute sa reconnaissance ; elle ne pourrait
que rester au-dessous des vrais sentimens que votre belle
conduite lui a inspirés.

» Députés constitutionnels, vous ne cesserez de combattre
l'arbitraire tant qu'il existera ; car c'est l'arbitraire qui cause
les révolutions, et nous ne voulons pas de révolutions ; et

déjà ne se montre-t-il pas avec tout son hideux cortége? En est-il de plus révoltant que celui qui, confondant avec des factieux de jeunes Français qui signent paisiblement une adresse aux défenseurs de la charte, viole toutes les lois à leur égard?.... Mais, messieurs, loin de nous la pensée de détourner votre attention des graves circonstances qui seules méritent de la fixer. Quels plus grands intérêts que ceux de la patrie pourrions-nous présenter à votre sollicitude? Aussi nous nous serions bien donné de garde de vous entretenir d'un acte dont les auteurs ne pouvaient nous inspirer que du mépris, si nous n'y avions vu l'intention manifeste d'outrager ces modèles de patriotisme et de courage, objets de notre admiration et de nos respects.... Qu'ils sachent donc, ces implacables ennemis de nos libertés, que l'indignation qu'un pareil procédé a réveillée en nous, nous a fait sentir encore davantage combien sont précieuses les garanties que nous venons de perdre; qu'ils apprennent que ces jeunes citoyens, dont la patrie ne réclama jamais en vain les secours, sont plus que jamais pénétrés de la nécessité d'entourer de leur amour et de leur dévouement la charte, ce palladium de toutes nos libertés, que son auguste auteur, à une époque mémorable, confia à la garde de tous les Français comme leur patrimoine. Ces royales paroles sont profondément gravées dans nos cœurs, et sont un puissant motif pour ne point désespérer..... Et vous, députés de la nation, redoublez d'efforts, pour vaincre les obstacles qui semblent s'accroître tous les jours. L'édifice constitutionnel n'est pas encore entièrement démoli; vous pouvez beaucoup pour sa conservation; tous les regards vous suivent dans la route constitutionnelle, qui seule vous promet des succès, et hors de laquelle il n'y a qu'écueils et précipices. La France entière vous contemple, et déjà elle prépare les couronnes dont elle ornera vos fronts. »

Cette adresse était la seconde que ces jeunes gens avaient rédigée; la première avait été enlevée par des hommes se disant agens de police, qui s'étaient glissés dans le domicile de l'un des signataires. On assure que M. le préfet de police a fait venir plusieurs de ces étudians, pour leur apprendre que nul n'avait le droit de s'occuper de questions politiques en France, s'il n'était électeur ou éligible et parvenu à sa majorité; on assure encore que le même fonctionnaire a donné à quelques-uns d'entre eux l'ordre de quitter Paris. Ces procédés nous ont engagés à soumettre au public les questions suivantes :

1°. La police a-t-elle le droit d'éloigner de Paris les Français qui n'y sont pas domiciliés? La pratique du dépôt des passe-ports et des permis de séjour, héritage des lois révolutionnaires, peut-elle subsister sous l'empire de la charte? Si cela n'est pas, l'ordre qui aurait été intimé à des étudians français serait un acte arbitraire.

2°. Est-il bien clair que nul autre qu'un électeur ou un éligible n'ait le droit de s'occuper des questions politiques qui tiennent au repos et à la liberté de la France? Chacun pouvant devenir éligible ou électeur, chacun n'a-t-il pas intérêt à ce qu'on n'enlève pas à la nation dont il fait partie, des garanties, des moyens de défense constitutionnelle, des attributions inhérentes au gouvernement représentatif, qui seront peut-être un jour son patrimoine et sa propriété?

3°. Le même raisonnement ne s'applique-t-il pas aux jeunes gens qui approchent de l'âge de la majorité sans l'avoir atteinte? Peut-il être indifférent à un homme de dix-huit ou de vingt ans, qui à vingt et un aura des droits importans à exercer, de voir renverser le système qui consacre ces droits? Il nous semble qu'il serait aussi raisonnable de prétendre qu'un homme qui n'est encore que l'héritier présomptif d'une maison, n'a pas la faculté d'empêcher qu'on ne la démolisse ou qu'on ne la brûle.

Pour répondre à toutes les déclamations qu'on répète à satiété contre la jeunesse la plus paisible, la plus amie de l'ordre et la plus studieuse qui ait existé dans aucun pays et dans aucun temps, nous croyons devoir faire remarquer que l'exemple de l'Angleterre, de cette contrée qu'on cite aujourd'hui sans cesse en faveur de toutes les lois d'exception et de tous les discrétionnaires, est tout-à-fait favorable à la participation de la jeunesse aux discussions politiques, renfermées dans les bornes de la spéculation et de l'examen sans résultat légal.

Dans toutes les universités de la Grande-Bretagne, et notamment à Édimbourg, il y a des sociétés de jeunes gens de quinze ou vingt ans, autorisées par des chartes royales. Telle est en Écosse la société spéculative, dont les hommes marquans du parlement actuel, par exemple le chevalier Mackintosh, ont été membres, lorsqu'ils faisaient leurs études. Ces sociétés sont consacrées à des débats parlementaires, dont la forme est absolument la même que celle de la chambre des communes. La société spéculative a quatre présidens, un secrétaire, des registres et des procès verbaux. On y discute parallèlement avec le parlement anglais toutes les questions qui lui sont soumises, les enquêtes sur l'état de la nation, les bills d'administration et de finance. Le bill sur l'Inde, de M. Fox, y fut discuté en 1785. Plusieurs fois on y agita lequel des deux ministères de M. Fox et de M. Pitt était préférable; enfin, sauf, comme nous l'avons dit, le résultat qui est nul légalement, tout y porte l'empreinte d'une assemblée délibérante constituée. Pour peu qu'on y réfléchisse, on se convaincra que de telles institutions, loin d'être dangereuses, sont d'une utilité évidente dans un gouvernement représentatif. Il est bon que tous les esprits se forment aux habitudes, aux méditations, aux luttes que ce gouvernement nécessite; que chacun apprenne de bonne heure à s'exercer, par la parole, contre les opinions opposées, à se soumettre à la majorité, à chercher ses moyens dans l'adresse ou la persuasion. Quand les hommes arrivent aux affaires sans cette préparation préalable, ils sont toujours tentés de recourir à la violence, et une génération qui, dans sa jeunesse, n'a jamais discuté est beaucoup plus disposée, quand elle entre dans la force de la vie, à l'irritation, à l'impatience, et par conséquent au renversement.

Il est à observer que ce n'est point des *debating societies,* comme on les appelle en Angleterre, que sont sortis les radicaux. Les radicaux ne sont point de jeunes enthousiastes ; ce sont des hommes d'un âge mur, tourmentés et aigris par la misère ; d'autant plus fougueux que leurs pensées ne se sont ni élaborées, ni en partie évaporées par la discussion ; d'autant plus ingouvernables qu'ils ne se sont point éclairés par l'examen ; et s'ils conspirent, ce que nous ne pouvons décider à la distance où nous sommes, ils conspirent d'autant plus qu'ils raisonnent moins.

L'adresse des étudians en médecine vient à l'appui de toutes nos réflexions. Jamais écrit ne fut plus sage, plus modéré, plus sincèrement et constitutionnellement royaliste,

Il serait bien à désirer que nos ministres eussent autant de calme, de prudence et de loyauté. L'étude est une meilleure préparation pour les hommes d'état que l'intrigue, et nos écoles sont de meilleures pépinières pour les gouvernans que les polices ou les antichambres impériales.

SUR LA RÉVOLUTION D'ESPAGNE.

Depuis que Ferdinand VII a éloigné de ses conseils les flatteurs et les courtisans qui tenaient l'Espagne accablée sous la plus odieuse tyrannie ; depuis qu'il a reconnu dans la constitution des cortès l'expression du vœu général, et la garantie du bonheur public, nos oligarques n'ont cessé de plaindre sa destinée, de prévoir des malheurs, de pré-

dire des catastrophes. Jusqu'ici les massacres de Cadix
ont seuls affligé les amis de l'ordre et des lois; mais
ces massacres, ces excès d'une soldatesque effrénée, à
qui faut-il les attribuer, sinon aux partisans du despotisme? Les citoyens de Cadix se livraient à une allégresse
patriotique; ils proclamaient l'heureux jour de la déli-
vrance nationale; ils saluaient avec enthousiasme la res-
tauration de la liberté; une population entière se for-
mait en groupes joyeux; tous se félicitaient d'échapper
aux dangers de la guerre civile, au joug de la servitude. Tout à coup des bandes nombreuses d'assassins,
excités par les agens de l'oligarchie, se répandent avec
fureur dans les rues et dans les places publiques. Ils attaquent les citoyens sans défense; le sang coule, le peuple
se disperse, la mort vole de toutes parts; des enfans sont
égorgés sur le sein de leurs mères expirantes; on a vu
des vieillards implorer en vain la pitié des bourreaux.
Qui pourrait peindre avec fidélité les scènes d'horreur
dont la ville de Cadix a été le théâtre? Jetons un voile
sur ces nouveaux crimes de l'aristocratie; rappelons-nous
seulement qu'ils ont été comme ceux de Nîmes commis
aux cris de « *vive le roi !* »

On pourrait croire que les écrivains de l'oligarchie, ces
hommes qui ont sans cesse à la bouche les mots de religion, de morale, de charité, ont exprimé quelques re-
grets de ces horribles massacres; ce serait mal connaître
les vrais sentimens dont ils sont animés. Les actes les plus
coupables leur paraissent légitimes lorsqu'ils sont exécu-
tés dans l'intérêt du despotisme. Ils ont applaudi aux massacres de Nîmes, ils ont couvert de leur protection les
assassins de Toulouse, d'Avignon et de Marseille. Aujour-
d'hui nous les entendons proclamer comme des héros,
comme des défenseurs des saines doctrines et de la légi-
timité, les brigands qui, dans Cadix, ont égorgé leurs
concitoyens, et livré leurs propriétés au pillage. « *C'est,*
disent-ils avec le calme de la férocité, *c'est le crime*

de la révolution. » Dans tous les temps ils accusèrent le peuple des excès dont ils furent presque toujours eux-mêmes les auteurs ou les complices.

Si les assassins de Cadix étaient livrés à la justice ; si les tribunaux leur demandaient compte du sang dont ils se sont abreuvés, des désastres qu'ils ont attirés sur cette malheureuse ville, c'est alors que la sensibilité aristocratique serait émue, que les écrivains du parti se répandraient en gémissemens, en lamentations, et crieraient de concert à l'injustice, à la barbarie. Pour mériter leur intérêt, il aurait fallu que l'Espagne se laissât opprimer sans se plaindre ; qu'elle eût supporté tous les fléaux de l'arbitraire sans exhaler un soupir ; qu'elle eût rendu des actions de grâces à ses tyrans, et célébré comme un bienfait les tortures de l'inquisition.

Les clameurs intéressées de nos oirgarques n'empêchent point la révolution de se consolider en Espagne. La nécessité d'une alliance intime entre la liberté et la monarchie est unanimement reconnue. Devant cette opinion triomphante, les partisans des doctrines nuisibles, les hommes dont l'existence est attachée au maintien des abus, sont heureusement forcés de garder le silence. Telle est la force du mouvement national, que la partie la plus notable du clergé est elle-même entraînée ; et, sauf quelques chanoines, qui s'engraissaient dans une sainte oisiveté, les ecclésiastiques espagnols ont prêté serment au nouveau pacte social. Ils ont ainsi accompli le devoir qui leur est imposé comme prêtres et comme citoyens.

Les hommes qui accusent la religion chrétienne de proscrire les idées libérales, de favoriser le pouvoir absolu, calomnient le christianisme, et en sont les plus dangereux ennemis ; c'est contre eux que M. de Bonald, M. de Châteaubriand, et M. l'abbé de la Mennais, s'ils sont véritablement attachés à la religion, devraient tourner leurs attaques et diriger leurs foudres. Dans la disposition présente des esprits, le moyen le plus efficace d'affaiblir le pouvoir des opinions religieuses, serait de représenter la religion comme incompatible avec les droits des peuples. Heureusement il n'en est pas ainsi ; toutes les nobles idées de morale, d'égalité, de liberté sont proclamées dans l'Évangile, cette grande charte du genre humain. Ceux qui prostituent les doctrines sacrées, et les font servir à la cupidité des oppresseurs, à l'ambition des tyrans, sont des impies et des sacriléges. Le clergé espagnol se couvrira de gloire, il donnera une nouvelle force aux institutions religieuses, il en affermira l'empire, si, toujours fidèle aux vrais principes, il n'emploie son influence que pour servir la cause de la patrie et de la liberté.

Les journaux de la péninsule sont pleins d'intérêt ; on aime à suivre l'impulsion salutaire donnée à un peuple généreux, et à juger les progrès de son éducation constitutionnelle. Sous ce dernier rapport, la situation de l'Espagne est très-satisfaisante. Les écrivains qui se sont chargés de répandre les lumières, de soutenir l'opinion, s'acquittent avec honneur de cette noble tâche. La modération de leur langage, la force de leurs raisonnemens, la pureté de leurs principes, forment un parfait contraste avec nos productions oligarchiques. Ils recommandent l'union, l'oubli des injures, l'amour de la patrie, le respect des lois. Encore tout meurtris des chaînes du despotisme, ils éloignent toute idée de vengeance, tout mouvement de réaction ; ils n'éprouvent qu'un seul désir, celui du bien public ; ils ne se livrent qu'à un seul espoir, celui de l'établissement et de la stabilité de leur constitution.

Nous voyons avec plaisir qu'ils comprennent toute l'importance du choix de leurs représentans. Ils repoussent ces esclaves titrés, ces courtisans avides, dont les perfides conseils ont été si funestes à l'Espagne, et qui, toujours prêts à changer de masques, se présentent aujourd'hui comme partisans du nouvel ordre de choses. Qu'ils se défient aussi des intrigans qui ne se jettent dans les révolutions que pour parvenir à la célébrité, aux honneurs, aux richesses; sycophantes dangereux qui se vendent au despotisme aussitôt qu'on lui suppose quelques chances de succès. Les citoyens dignes de siéger dans les cortès, de concourir à la formation des lois, sont faciles à reconnaître. Modestes dans leurs prétentions, fermes dans leurs principes, dévoués à la cause nationale, on ne les vit jamais fléchir sous la tyrannie, se réunir à la tourbe des flatteurs, des ambitieux, et sacrifier leurs opinions à leurs intérêts. Objets d'une constante persécution, ils ont courageusement bravé les tortures, les prisons, l'échafaud. Leurs infortunes, leur énergie sont des titres incontestables à l'estime et à la confiance de leurs concitoyens. Le sort de la liberté espagnole dépend, en grande partie, de la formation de leur nouvelle assemblée législative. Une représentation vénale et corrompue est le plus docile instrument du despotisme; c'est avec un pareil instrument qu'on détruit, avec une apparence de légalité, les institutions populaires, et qu'on ramène les nations sous le joug odieux de l'aristocratie.

Les feuilles quotidiennes de Madrid s'occupent aussi de nos affaires. Les hommes d'état de la péninsule savent fort bien que si le despotisme ou l'aristocratie dominait en France, la liberté de l'Espagne serait en péril, et que la contre-révolution passerait aisément les Pyrénées. Il ne faut donc pas être surpris de l'intérêt qu'ils prennent aux mesures du gouvernement français, aux débats des chambres, et jusqu'aux articles de nos journaux; ils ont suivi, avec une attention marquée, les discussions auxquelles les lois destructives de la liberté individuelle et de la liberté de la presse ont donné lieu. Quelques écrivains espagnols ont paru étonnés qu'une partie de la chambre des députés voulût imposer silence à l'autre partie, et demandât à tout propos la clôture des discussions. Nos voisins pensent qu'une pareille conduite est peu con-

venable, et surtout peu propre à inspirer la soumission
aux lois. Ils espèrent qu'ils ne seront jamais témoins de
pareilles scènes dans leurs cortès, et que les membres de
cette assemblée seront toujours pénétrés du respect qu'ils
se doivent à eux-mêmes, et de celui qu'ils doivent à leurs
commettans.

Les publicistes espagnols n'aiment pas les lois d'excep-
tions; ils prétendent que des ministres jaloux de se soustraire à toute responsabilité, ne manquent jamais de prétextes pour demander la suspension des libertés publiques, et qu'il n'y a point de circonstances qui puissent
autoriser la violation des droits consacrés par la loi fondamentale. Quelques-uns d'entre eux supposent que le
sacrifice de nos plus précieuses libertés est le prix de
l'appui que le ministère actuel reçoit de l'aristocratie française, et ils plaignent la France, qui peut devenir victime de cette combinaison politique. Il s'expriment en
termes peu respectueux sur le compte de nos ministres;
ils s'indignent même qu'un ancien préfet de la police
de Bonaparte ait été chargé de défendre les lois d'excep-
tions. M. Pasquier, s'il était en Espagne, ne serait pas
nommé membre des cortès.

Tandis que la nation espagnole, heureuse et libre,
poursuit ses glorieuses destinées, et se prépare à fonder
les institutions qui doivent garantir sa liberté et son bonheur, la France, agitée par une faction ennemie de son
repos et de son indépendance, n'aperçoit dans l'avenir que
des convulsions et des orages. Ses libertés ne sont plus
seulement menacées; des atteintes mortelles ont mis en
péril les droits les plus chers des citoyens. Nous écri-
vons en présence de l'arbitraire et des cachots; déjà l'in-
jure officielle, la calomnie autorisée commencent à nous
poursuivre; c'est le prélude ordinaire des persécutions.
Quels motifs de sécurité peuvent nous rassurer, lorsqu'un
ministère, trop faible pour lutter contre une autorité ri-
vale et factieuse, est forcé d'emprunter son langage, de

servir ses projets, en attendant qu'il serve ses fureurs et ses vengeances?

Le triomphe de cette faction paraît si positif, elle a un mépris si profond du gouvernement et de l'opinion publique, qu'elle ne craint pas de révéler à quel prix elle a vendu les libertés nationales. Le ministère, disent ses organes officiels, a reçu de ses mains l'arbitraire; elle doit recevoir en échange le sacrifice de la loi actuelle des élections. Il lui faut un mode d'élection, ou plutôt *un privilége* qui lui laisse le choix des députés. Ce privilége, odieux de sa nature, offensant pour la nation, dangereux pour le trône lui-même, se montre déjà déguisé sous la forme d'un projet de loi. Tout, dans ce projet détestable, est calculé pour anéantir le gouvernement représentatif, en lui substituant un vain simulacre, un fantôme de représentation, pour élever au pouvoir les hommes dont la férocité a ensanglanté le Midi, et qui soudoient encore dans ces malheureuses contrées des armées d'assassins.

Il ne nous reste d'autre espoir que dans la sagesse du monarque, qui veut régner sur un peuple libre, et dans la fermeté des députés constitutionnels. Il est impossible que les fidèles mandataires de la nation, éclairés aujourd'hui sur les funestes espérances d'une faction audacieuse, se rendent eux-mêmes les instrumens de l'oppression et de la servitude. Le nouveau projet de loi sur les élections est le dernier coup porté au gouvernement représentatif. S'il est adopté par les chambres, il n'est point de malheurs, point de catastrophes auxquels on ne doive s'attendre. La faction elle-même a pris soin de l'annoncer: l'adoption de ce projet n'est que son exaltation au pouvoir. C'est alors que le gouvernement secret sortira des ténèbres avec ses associations clandestines, ses agens et ses bourreaux; c'est alors qu'on procédera à « *l'anéantissement des idées libérales* », c'est-à-dire à la proscription des hommes qui professent les principes favorables à

la liberté publique; c'est alors qu'on invitera à «*la vengeance*» devant la statue voilée de la justice; c'est alors
que l'inquisition, exilée d'Espagne, nous apportera ses
missionnaires, ses tortures, son fanatisme; c'est alors....
Je m'arrête, l'orage gronde dans le lointain; mais il peut
être conjuré par l'énergie et la prudence; espérons encore!

D'UN ANCIEN ÉCRIT DE MADAME DE STAEL, INTITULÉ :
Réflexions sur la paix intérieure.

C'est une disposition naturelle à l'esprit humain de se
roidir contre les efforts directs qui tendent à le convain-
cre; semblable aux yeux délicats, il aime à ne recevoir la
lumière que de côté. Lorsque madame de Staël publia
ses *Réflexions sur la paix intérieure*, le directoire siégeait sur le trône vacant de la France; il s'agissait de
renforcer le pouvoir exécutif, de peur de tomber de l'a-
narchie dans le despotisme. Les passions n'écoutèrent point
ce sage conseil, et le despotisme eut sa proie. Aujour-
d'hui que, par un péril contraire, le pouvoir exécutif en-
vahit tout, et menace de nous ramener du despotisme
à l'anarchie, les judicieuses observations de madame de
Staël sur le renversement de l'équilibre des choses, seront peut-être accueillies avec plus de faveur; avocat du
pouvoir, elle ne sera point suspecte, lorsque la prudence
et la raison la conduisent à en poser les limites.

« Il y a, dit-elle, trois questions principales dans toutes
les constitutions du monde; car les vérités politiques sont
heureusement en très-petit nombre, et dans cette science

*

l'invention est puérile et la pratique sublime. La division du corps législatif, l'indépendance du pouvoir exécutif, et, avant tout, la condition de propriété! Telles sont les idées simples qui composent tous les plans de constitution possibles. De quelque manière qu'on change les noms des trois pouvoirs, comme ils sont dans la nature des choses, on doit toujours en retrouver les élémens. »

Ces principes, que la démagogie contestait alors, l'oligarchie les exagère aujourd'hui. Aux hommes qui refusaient à la législation le contre-poids de deux chambres, succèdent les hommes qui soutiennent et qui prouvent que la souveraineté réside dans le pouvoir législatif. Ceux qui niaient que le pouvoir exécutif doive être indépendant, sont remplacés par ceux qui justifient et qui mettent en pratique toutes les effrayantes usurpations de ce pouvoir. Enfin, la ligue contre la propriété fait place à des systèmes d'oppression au nom de la propriété. Certes, jamais, à deux époques différentes, on ne marcha vers un but plus opposé, et toutefois (telle est la leçon frappante que renferme l'ouvrage de madame de Staël, appliqué au temps présent) jamais on n'y marcha par de plus semblables moyens. Oligarchie ou démagogie, tous les excès procèdent de même, par la destruction de tout ce qui est noble et magnanime. Écoutez, et dites si ce que l'auteur écrivait alors ne semble pas avoir été tracé pour nous. « Des voix courageuses se font entendre dans l'assemblée; des écrivains éloquens s'élèvent hors de son sein. Mais, qu'on a besoin de repeupler ce pays, d'hommes distingués par leurs talens et par leurs vertus! Quel désert pour la gloire que notre malheureuse patrie! Les hommes manquent aux places, la machine publique est chancelante, faute de bras pour la soulever.... Le manque de lumières fait soutenir des maximes féroces à qui ne peut concevoir des ressources généreuses. Des hommes *libres* redoutent, comme à l'ancienne cour, tout ce qui écrit,

tout ce qui pense ; et c'est avec une dénomination vide
de sens, avec un cri de guerre, qu'ils combattent tous
les argumens. La pitié fait peur, le raisonnement est
suspect ; l'opinion publique, s'appelle des intrigues particulières, et tous les effets de ces craintes ridicules, font
douter si la petitesse de l'esprit n'est pas encore plus re-
doutable que l'immoralité du cœur. » Il est incontestable
qu'en 1795 madame de Staël connaissait d'avance les discours de M. Pasquier en faveur de l'arbitraire pur, que
les douze futurs censeurs lui avaient montré leurs ciseaux,
et qu'elle avait lu les réquisitoires de M. Bellart contre
les souscriptions ouvertes pour le soulagement de l'humanité.

« Qu'on est las, s'écrie-t-elle un peu plus loin, d'entendre parler de justice modifiée par les circonstances !...»
Ailleurs, elle révèle le secret opiniâtre des adversaires
des principes libéraux.... « Ils ne s'attachent pas à poursuivre ceux qu'ils croient insensibles à l'opinion ; ils ex-
cusent le peuple, ils abandonnent le crime à lui-même ;
mais ils réservent toutes leurs forces contre les hommes
par lesquels toutes les révolutions commencent, parce que
leur exemple seul peut être généralement suivi. Une nation soulevée appartient à tous ceux qui savent s'en em-
parer ; mais le premier effort vers la liberté ne peut partir
que de la classe la plus distinguée de la nation par ses
vertus, ses talens, sa consistance même dans l'opinion. »
Et c'est aujourd'hui, comme alors, contre cette classe, la plus
distinguée de la nation, que sont dirigées les attaques ;
c'est sur elle que sont appelées d'injurieuses défiances.
Ces mêmes hommes, qu'en 1815 la démagogie accusait
de travailler au renversement de la liberté, l'oligarchie
les accuse, en 1820, de travailler au renversement de
la monarchie. L'ombrageuse crédulité du directoire ac-
cueillait avidement les plus indignes soupçons ; l'ombrageuse crédulité du ministère les accueille et les propage
de nos jours avec la même avidité. Madame de Staël

éclaire cet abîme, où la faiblesse et l'impéritie tombent toujours. « Quel fatal sentiment que celui de la défiance! et que les craintes qu'il inspire, les jugemens qu'il fait porter sont à la fois misérables et funestes! Un esprit défiant est si naturellement borné, il suppose si peu de grandeur dans l'âme, qu'il ne s'attache jamais aux véritables dangers qui menacent la patrie. Un homme honnête, de quelque opinion qu'il soit, ne peut être l'objet du soupçon ; ses moyens sont purs, sa force est calculée ; il existe des principes dont il ne peut s'écarter ; il a un caractère qu'il doit conserver ; ce qu'il dit, il faut qu'il le soutienne.... Comment se défier de l'esprit qui raisonne ? Il trace sa route, il montre son but. Un gouvernement fondé sur les principes peut-il craindre les armes de la pensée ? »..... Un gouvernement, poursuit-elle, n'a qu'un examen à faire, c'est de chercher de quelle manière il peut se concilier le plus grand nombre d'intérêts particuliers ; tout ce qui est au-delà de ce moyen est de la violence, qui comprime, mais ne garantit point. »

Voyez comme ses réclamations en faveur des suspects de la république sont applicables aux suspects de la monarchie. « Il y a des gens qui voudraient gouverner ce pays un à un, connaître toutes les nuances des sentimens particuliers de chaque individu, pour lui permettre ou non d'exister... en France, ils ne peuvent embrasser la conception d'un empire de vingt-quatre millions d'hommes ; ils ne savent pas qu'il n'y a que les idées générales qui peuvent réunir une grande nation ; qu'une seule exception à la justice ébranle la force d'un gouvernement, qui, n'étant point guidé par la superstition des préjugés, s'offre de toutes parts au raisonnement, et ne peut se maintenir que par l'évidence de ce raisonnement même. »

Elle termine en invoquant l'impérieux besoin du repos, et toutes ses paroles s'adressent à nous-mêmes, si vous changez les mots de liberté et de république en celui de monarchie. « Il faut que le gouvernement tende vers le calme avec autant de soin qu'il en fallait pour créer une insurrection. Si l'on veut de la lutte, le sort de la liberté est encore incertain; si l'on ne rouvre aucune blessure, si l'on est dévot au génie réparateur, si l'on avance sans renverser, la république se consolidera presque à l'insu même de ceux qui ne la veulent pas; on ne peut trouver d'obstacles qu'en irritant les affections personnelles... Il faut donc calmer et consoler. Cette idée simple est tout le secret du moment. Dans les partis, même les plus exagérés, la fatigue du malheur a dompté bien des âmes. La constitution doit hériter de tous les hommes las des révolutions ; on doit les accueillir, et terminer tous les malheurs qu'il appartient encore aux hommes de réparer. Mais, qui laisserait dans l'état le mieux organisé un grand nombre d'infortunés, refermerait le volcan au lieu de l'éteindre, bâtirait sans pouvoir fonder. Quand la défiance même finirait par avoir raison, c'est encore elle qui aurait amené le sujet de ses inquiétudes; la défiance excite une sorte de révolte dans ceux qui s'en voient l'objet; elle divise, aigrit, exalte et crée un parti dont le mot de ralliement a été donné par les soupçons de l'adversaire. »

Que le gouvernement réfléchisse à ces paroles, écrites il y a vingt-cinq ans par une femme célèbre qui n'est plus, et en qui l'amour de la liberté, quoique vivement senti, n'a jamais triomphé pleinement des préjugés et des habitudes aristocratiques. N'y verra-t-il pas la condamnation de sa loi des suspects, de sa censure, de ses concordats, de son système oligarchique d'élections, en un mot, de tout ce qui nous menaçant d'une contre-révolution prochaine, soulève et réunit la masse immense d'affections et d'intérêts opposés à la contre-révolution? Et à quel propos la monarchie, qui était aimée de la France, a-t-elle été conduite par de pernicieux conseillers à se jeter dans ces inextricables embarras? Quel peut être à cela son intérêt? celui d'apaiser les féroces clameurs d'une poignée de privilégiés qui ne demandent qu'à déchirer la transaction pour recommencer les chances de la guerre. Mais ces chances, la monarchie, par la transaction même, ne les a-t-elle pas toutes à son avantage? La folie qu'elle ferait de frapper le peuple pour complaire à l'oligarchie ressemblerait à celle de don Quichotte, qui voulait opérer sur les épaules de Sancho le désenchantement de Dulcinée. Quelquefois le bon écuyer recevait les coups avec patience, quoiqu'en faisant une horrible grimace; quelquefois aussi il n'était pas d'humeur à les endurer; et l'on se souvient de cette nuit malencontreuse où fut terrassé et comprimé par lui l'imprudent don Quichotte dont la discipline l'avait réveillé en sursaut. Comment, traître, disait le chevalier ! tu oses attaquer ton seigneur?— Ce n'est pas moi qui attaque, répondait Sancho; j'aime mon seigneur, mais je ne veux pas qu'il me fouette. L'histoire dit que don Quichotte promit de le laisser tranquille, et que Sancho se rendormit paisiblement.

CONSIDÉRATIONS

SUR LA LOI DES COMPTES.

La discussion que les ministres aiment le moins à hasarder, c'est celle du budget. Ce n'est que lorsque la majorité s'est assez fortement déclarée en leur faveur, pour ne plus appréhender les réductions, qu'ils livrent le tarif de leur administration aux disputes de la tribune. Le ministère n'a vu dans le gouvernement représentatif qu'un moyen d'obtenir sur le nécessaire des peuples tout ce qui peut satisfaire ses désirs; et bien des gens ne voient dans le superflu qu'on accorde au gouvernement qu'un moyen de corruption également favorable à la vénalité des hommes perdus, et à l'ambition des hommes qui veulent se perdre. Lorsque, sans blesser les égards que l'on doit même aux individus qui se vantent de leur honte, il nous sera permis de calculer l'influence du budget passé sur la majorité présente, et l'influence de la majorité présente sur le budget futur, on sera tout émerveillé de voir de petites causes produire de grands effets.

Jamais majorité ne fut plus intrépidement ministérielle. Mais la majorité des représentans, lorsqu'elle n'entraîne par son exemple qu'une très-faible minorité des représentés, est d'un faible secours pour le gouvernement. Elle fait des lois, il est vrai ; mais ces lois, réprouvées par l'opinion publique, sont inutiles au pouvoir qui les a sollicitées. C'est une parade et non une défense. Il y a mieux, c'est un moyen d'attaque et d'hostilité ; et rien ne ruine la puissance, comme une hostilité perpétuellement dirigée contre elle et n'employant que des armes aiguisées par la raison, la justice et le bien commun. L'autorité, forcée enfin à reculer devant son propre ouvrage, ne paraît céder qu'à la crainte ; elle semble faible, et le sentiment de sa faiblesse suffit pour éterniser cette hostilité que le retour aux vrais principes devrait faire cesser. Il est maintenant impossible de le cacher, il y a lutte en France entre le ministère et la nation. On sent bien au profit de qui finira cette lutte ; mais comment finira-t-elle ? A quel prix pourra-t-elle finir ? Voilà des problèmes dont l'avenir possède seul la solution.

On a vu comment la majorité avait abandonné tous les principes d'une politique raisonnable et prudente. Elle s'était comptée, et parce qu'elle était majorité, elle a cru que sa puissance devait en grande hâte s'élever au niveau de sa volonté. Elle s'est empressée de faire de l'arbitraire pour M. de Richelieu, comme en 1815 elle en avait fait pour M. Decazes. Que M. de Richelieu y réfléchisse ; qu'il se souvienne que le côté droit a dit que l'arbitraire n'était rien par lui-même, que l'application seule en faisait le mal, et que M. Decazes avait seul toute la honte de la loi d'octobre, parce que lui seul l'avait exécutée. Après la chute de la loi nouvelle, la même inculpation retombera sur la tête du ministre actuel ; c'est sur lui qu'on voudra rejeter les pleurs, le désespoir, la ruine des familles. Si ces lois entraînaient des résultats funestes, c'est encore sur M. de Richelieu qu'on en rejetterait l'opprobre ; car le pouvoir, dirait-on, ne lui avait pas été donné pour produire dans ses mains des effets désastreux.

Telle est la conséquence d'une première faute, que la majorité sent fort bien, aujourd'hui, que les paroles qu'elle prononcerait à la tribune seraient sans effet sur la nation, et que les discours de l'opposition deviennent chaque jour plus redoutables à l'oligarchie, par l'empire qu'ils exercent sur les Français. Aussi, dès qu'une question politique semble près de s'élever, le côté droit se hâte de l'étouffer à sa naissance. On l'a vue empêcher, pendant trois heures, M. de Girardin d'achever la première phrase de son opinion. C'est un acte de despotisme dont une seule de nos assemblées délibérantes avait donné plus d'un exemple dans nos jours de malheur. La majorité actuelle sera forcée d'user de ce moyen extrême, le seul dont elle puisse se servir ; car le rappel à l'ordre n'est rien pour les hommes qui ont la conscience de la pureté de leurs intentions, et qui ne prennent la parole que lorsque le bien public leur en impose le devoir. Il faudra donc étouffer leur voix par le scandale d'un tumulte prolongé ; c'est ainsi qu'en usait la convention jusqu'à ce qu'elle eût découvert un moyen plus efficace et plus expéditif, la mise hors la loi de l'orateur.

En attendant le bouleversement de notre système électoral, discussion qui doit couronner l'œuvre de la session actuelle, on s'est occupé des comptes antérieurs. Le rapport de M. Benoît était remarquable par sa longueur, et cependant il n'y a de trop que ce qui ne tient pas au sujet ; ce qui dénature le véritable état des choses, ce qui force les principes, ce qui tient à établir le droit par le fait. Ainsi le rapporteur, en affirmant que *percevoir, emprunter, em-*

ployer les produits et régler les comptes, appartient à la puissance exécutive, me paraît avoir commis une grave erreur. En effet, il faut que le gouvernement vive, et sans argent il ne peut vivre; il lui en faut même beaucoup, car en France les gouvernemens sont chers ; les chambres doivent donc l'autoriser à percevoir ou à emprunter tout ce qui est nécessaire à son existence. Quelle que soit l'avarice de la chambre, elle sera toujours voisine de la prodigalité; car dans ses demandes le ministère sait cacher le superflu sous les apparences du nécessaire; mais il appartient à la puissance législative de vérifier si le pouvoir exécutif n'a point dépassé les taxes imposées et les emprunts ouverts. En second lieu, les ministres sont-ils les maîtres d'employer les fonds alloués à chaque branche de l'administration selon leur caprice, ou doivent-ils suivre l'allocation indiquée dans le budget? Les ministres, dit-on, n'ont qu'à prendre les ordres du roi; mais ceux qui savent que le gouvernement représentatif n'a peut-être d'autre objet que de soustraire le roi à la responsabilité des ministres, et les ministres à l'inviolabilité du roi, ne peuvent nier que les fonds n'ont été affectés aux cultes, par exemple, que pour l'entretien des pasteurs, et qu'on ne doit pas, au détriment de ces hommes utiles , employer les sommes qui leur sont destinées, soit à l'embellissement des évêchés, soit à l'organisation d'un corps de missions. Il faut donc que la puissance législative sache si les fonds ont été employés, et elle ne peut le savoir qu'en apprenant comment ils ont été employés. Sur la troisième question, la cour des comptes est une création du pouvoir exécutif, elle n'a pour objet que l'apurement des comptes entre le gouvernement et les divers comptables, mais elle ne les apure pas en ce sens, que le pouvoir législatif doive adopter ses décisions et croire cette cour sur parole; car ici la discussion n'est plus avec les comptables, elle est avec le gouvernement qui les a employés, et qui ne peut donner, comme pièces probantes, les arrêts d'un tribunal qui lui appartient. Il y a donc là une lacune dans notre système financier, et il faudrait prendre dans les deux chambres une commission des comptes qui les examinât dans l'intérêt de la nation, qui n'est pas toujours l'intérêt du ministère.

L'année dernière, les comptes présentés offraient plus de clarté. L'opposition avait forcé les ministres à dissiper une partie des ténèbres dont les exercices antérieurs avaient été couverts. Il faut rendre justice à qui elle est due : le maréchal Saint-Cyr et M. Louis ont introduit des formes plus faciles; et la corrélation qu'ils ont établie, chapitre par chapitre, entre les fonds alloués et les sommes dépensées, n'est pas un léger service qu'ils ont rendu aux contribuables. L'œil curieux et intéressé de l'observateur n'aura pas sans doute le temps de parcourir notre dédale financier, avant que la nouvelle loi d'élection ne nous ait renvoyé ces députés de l'oligarchie qui l'avaient rendu inextricable; mais, en France, rien de ce qui est anti-national ne peut durer, et le temps reviendra où ceux qui paient auront de nouveau, non par des présentations de candidats, mais par des élections libres et directes, le droit incontestable et imprescriptible de savoir ce que deviennent les sommes qu'ils ont payées.

Je veux, dans ce moment, me borner à présenter les résultats des débats sur les comptes. Je ferais mieux sans doute de rappeler les vues nouvelles sur les finances et l'économie politique, offertes à la tribune par les divers orateurs du côté gauche; mais, comme on le sait, toutes ces améliorations ont été rejetées par la majorité ministérielle. Heureusement la nation a pris acte de ces grandes et utiles vérités. Elles porteront leur fruit lorsque tout ce qui s'oppose au bonheur des Français aura disparu; alors on ne verra plus de ces hommes qui veulent accaparer la liberté individuelle, les développemens de l'esprit humain, la fortune du riche, le denier du pauvre, et qui veulent qu'on ne jouisse que par privilége des immunités naturelles et des libertés nationales.Lorsque dans les discussions qui intéressent la généralité, la volonté générale sera de quelque poids dans la balance, tous les obstacles seront brisés, et le grand œuvre de la régénération moderne que nos ministres cherchent à remettre en problème, présentera une solution nouvelle qui ne laissera plus de place aux arrière-pensées. Alors toutes les maximes conservatrices reparaîtront au grand jour ; alors ce qui sera constitutionnel ne sera plus révolutionnaire, et ceux qui méditeront la ruine du pacte social ne seront plus que des factieux ; alors les insensés qui déclarent n'avoir cédé les libertés publiques que pour obtenir cette loi qui doit confier le sort de la France à *la faction du petit nombre*, auront appris tout ce que l'on court de risque à nationaliser l'opposition, et à changer ces combats que la tribune et la presse se livraient au grand jour, contre ces mécontentemens unanimes qui fomentent dans le mystère, et qui éclatent par les efforts mêmes que l'on fait pour les comprimer.

C'est ainsi que je me bornerai à observer, sur le discours de M. Labbey de Pompières, que le ministère de la guerre a dépensé, sans que cette dépense eût été votée, quinze cent mille francs pour acheter les hôtels de Noailles et de Brienne, comme si le ministre avait cru que les membres de l'ancienne armée étaient dans une position assez heureuse pour pouvoir arbitrairement disposer de cette somme. Le ministre de l'intérieur avait un excédant de 1,100,000 fr. ; et, au lieu de les présenter en économie, il les dépense pour l'évêché de Bayonne, pour les missions du Saint-Esprit, pour les Lazaristes, pour l'abbé de la Trappe, et pour l'évêque de Lyon.

C'est ainsi que sur le discours de M. Ganilh il est facile de prouver que notre système financier a non-seulement couvert de ténèbres l'abîme de notre comptabilité, mais qu'il a même creusé une partie de cet abîme ; et que, si la fortune publique a été mise à l'encan par les armées de l'Europe alliées entre elles, mais alliées contre la France, la funeste administration de nos excellences semblait liguée avec l'ennemi pour nous empêcher à jamais de combler le précipice de misère qui doit un jour nous engloutir. Les pertes que les ministres nous ont causées sont énormes, et l'accusation portée contre leur système de subsistances par M. Ganilh, honorable citoyen à qui de longs travaux ont acquis de grandes lumières, restera comme un monument de tous les maux dont l'incapacité des gouvernemens accable les malheureux gouvernés.

C'est ainsi que le digne M. Caumartin a prouvé, jusqu'à l'évidence, que les états présentés à la chambre ne sont pas l'expression matérielle des faits et des écritures, et qu'ils ne peuvent mériter la moindre confiance. Et voilà pourquoi M. Benoît avait pensé que la chambre n'avait pas le droit de vérifier les comptes ; il fallait revêtir les ministres d'une espèce d'infaillibilité financière pour que leur budget fût reçu sans discussion et comme article de foi. Mais la nation a vu que ces prétendues vérités n'étaient que mensonges, et cette certitude lui suffit. Si la majorité des chambres la rend infructueuse pour le présent, la majorité de la France saura lui faire porter son fruit dans l'avenir.

C'est ainsi que M. Benjamin Constant a adressé, de cette tribune, qu'il était étonné de trouver libre encore au milieu de la France esclave et muette, six questions aux ministres sur ces emprunts accablans par eux-mêmes, et ruineux pour la nation, par la manière dont le ministre les a négociés.

Enfin, M. Laisné de Villevesque, étonné de toutes les inculpations et du silence de six orateurs du gouvernement présens à la discussion, est monté à la tribune pour solliciter l'éloquence de ces ministres dont il accusait l'insensibilité. C'est alors que pour répondre à ces graves accusations, M. Roy a mis un terme à l'impassibilité ministérielle, pour déclarer que tout était pour le mieux sous ce meilleur des ministères. Mais M. le général Demarçay, M. Manuel, MM. les généraux Sébastiani et Foy se succèdent à la tribune, et, par des improvisations frappantes de vérité, étincelantes de zèle, poursuivent le ministre dans toutes ses retraites, l'atteignent à chaque coup, le renversent à chaque attaque. Mais le côté droit et le centre se hâtent de venir à son secours ; ils démasquent leur grosse artillerie, et l'on n'entend plus retentir que ces mots : *la clôture ! la clôture !* En effet, rien n'était raisonnable comme cet acte de force. A quoi bon ces discussions prolongées, et de quoi s'agit-il? Ne faut-il pas que tout peuple soit gouverné? et lorsqu'il l'est de la façon de M. Pasquier, pourrait-il payer trop cher? Qu'est-ce donc que ces députés rebelles qui viennent se placer entre le nécessaire des citoyens et le superflu des ministres? Que ferait-on de la gent *taillable et corvéable*, si elle ne servait à payer? N'était le besoin d'argent et de soldats, on ne saurait que faire des nations; et ce n'est que pour ces deux bagatelles que Machiavel pense que les princes doivent tolérer des peuples dans leurs états.

Le feu de cette grosse artillerie ne fut pas, sans doute, assez soutenu; la discussion s'est prolongée, et, au discours éloquemment accusateur de M. Boigne de Faye, succède celui de M. Chauvelin, qui rappelait ce mot de l'ancien ministre des finances : *Si l'on ne diminue pas les dépenses, il n'y aura pas pour l'année prochaine de budget possible.* Mais M. Chauvelin sait bien qu'il n'est rien de plus facile au gouvernement que de demander de l'argent; il sait aussi que le peuple paie aussi long-temps qu'il le peut. Le jour des catastrophes n'arrive que lorsque l'impossibilité se déclare; car si les gouvernés perdent le moins aux catastrophes, les sacrifices pour les éloigner leur coûtent moins encore qu'aux gouvernans.

M. Lainé, dont la vue était sans doute troublée par toutes les lumières que M. Ganilh avait répandues sur la question des subsistances, a enfin essayé non de le réfuter, mais de lui répondre par un artifice assez ordinaire dans le barreau de province; il a essayé de récriminer contre le côté gauche; la question n'était pas là ; mais c'était une tactique habile de s'ouvrir ce vaste champ des déclamations, qui produisent toujours quelque effet sur la populace des auditeurs. M. Lainé, qui tient à la majorité, ne veut pas qu'on blâme les lois qui sont l'ouvrage de la majorité. M. Benjamin Constant réfute l'orateur du côté droit avec tant de justesse, que M. Lainé monte de nouveau à la tribune pour déclarer que l'attaque est permise contre les lois existantes, mais qu'il faut s'interdire la véhémence dans l'attaque : ainsi, lorsque l'arbitraire aura peuplé les prisons de victimes, on pourra se plaindre de l'arbitraire, à condition que la plainte sera révérentieuse, les doléances battues à froid, et que l'on ne parlera contre ses chaînes qu'avec cette servitude des esclaves habitués à les traîner.

La discussion des articles commence, et l'intérêt que les spectateurs avaient porté à la discussion générale cesse nécessairement : la majorité se présente tellement serrée, qu'il est impossible de s'ouvrir quelque jour à travers ; tellement dévouée au ministère, que tout ce que les ministres demandent est adopté, et que tous les amendemens qui ne sont pas consentis par les ministres sont rejetés. La discussion n'est que la formalité nécessaire et préliminaire pour convertir en loi les volontés ministérielles. On regrette tous les efforts des honorables orateurs du côté gauche : amour du pays, zèle pour les principes, instances pour l'économie, raison, justice, éloquence, tout vient se briser contre l'inévitable écueil d'une majorité composée de deux minorités qui s'étaient si véhémentement attaquées l'année dernière. Sans doute en se réunissant aujourd'hui, les députés du centre et de la droite ont fondé leur traité sur l'estime réciproque dont ils s'honorent, et dont les preuves existent dans le *Moniteur* de 1817 et 1818.

Si la nation n'était pas éminemment attentive aux débats de la tribune, si elle ne voyait pas que cette même opposition qui a défendu la liberté des citoyens et la liberté de la presse, et qui défend aujourd'hui les dernières ressources d'un pays épuisé par tant de sacrifices, d'un pays qui doit nécessairement devenir le plus pauvre de l'Europe, puisque les subsides ne diminuent jamais, et que jamais l'autorité n'ouvre quelque débouché nouveau, quelque nouvelle source de vie à l'agriculture, au commerce, à l'industrie indigènes ; si, dis-je, la nation n'était pas, pour son argent, spectatrice de toutes ces calamités, elle pourrait se méprendre sur le systême d'élections présenté par M. Siméon. Mais lorsqu'elle voit qu'on ne veut admettre dans un simulacre de représentation nationale que des élus disposés à mettre aux pieds du pouvoir le dernier homme et le dernier écu, à enchaîner la manifestation de la pensée et l'indépendance constitutionnelle du citoyen, elle demeure alors frappée du pressentiment que cet arbitraire passager sera durable assez pour arriver à une chambre qui le rendra perpétuel, et qu'un mur d'airain va s'élever entre la France et tous les moyens possibles d'une prospérité future.

On a long-temps parlé de l'hostilité des écrivains : rien n'est hostile contre le pouvoir comme le pouvoir lui-même. Lorsqu'il a outragé, dans la discussion du projet sur la liberté individuelle, la justice, la morale et l'humanité, le ministère se portait lui-même un coup fatal ; lorsque, en réclamant la servitude de la presse, l'autorité se jouait du droit de propriété et des garanties accordées par la charte, l'autorité perdait plus qu'elle ne pouvait gagner. Je ne connais que deux espèces de puissance, celle de la force et celle de la raison. Nos ministres ne possèdent pas la première, et ils brisent la seconde de leurs propres mains.

Cet esprit d'erreur qui fait croire aux ministres qu'ils sont habiles à gouverner parce qu'ils ont su acquérir une majorité composée d'élémens tellement hétérogènes qu'on est forcé, pour les tenir réunis, de fausser tous les principes de gouvernemens fondés sur la raison ; cet esprit d'erreur qui empêche les ministres de voir que les oligarques ne marchent avec les ministériels que pour obtenir une loi d'élection qui leur serve dans un an à culbuter le ministère ; cet esprit d'erreur n'a pas abandonné le pouvoir dans la discussion de la loi sur les comptes. Fort de sa majorité factice, il a fait rejeter par elle tous les amendemens proposés par le côté gauche ; il a refusé des éclaircissemens sur des comptes, comme s'il pouvait exister de comptabilité sans clarté. Qu'est-il résulté de cet abus de la force ? qu'on a fait dans la chambre tout ce que les ministres ont désiré, et qu'on a fait dans la nation le contraire de ce qui se faisait dans la chambre. Pour ne parler que des emprunts, qui n'a pu observer le mauvais effet produit par le refus obstiné de tout aveu clair et précis, par le déni formel de publier les listes de ceux à qui l'emprunt avait été cédé? Qui n'a vu dans ces réticences l'embarras des ministres, qui, après s'être fait un jeu de la fortune publique, cherchent à couvrir leur conduite par un silence qui parle plus haut encore que les discours de leurs accusateurs? Qui n'a entendu nommer les héros étrangers, et les courtisanes françaises, et les valets qui vendent leurs pas, et les auteurs qui vendent leurs plumes, et les hommes qui vendent leur voix, parmi ceux que nos excellences ont voulu favoriser, aux dépens d'un peuple qu'une effroyable catastrophe venait de placer sous le couteau? Est-il un seul Français qui pense que les ministres qui accordaient comme des grâces les dernières ressources d'une nation aux abois, se soient oubliés eux-mêmes dans la distribution de leurs faveurs? Certes je ne prétends pas que les hommes qui sollicitent les emplois dans les monarchies aient l'intégrité de ceux à qui on impose les places dans les républiques; je ne demande pas de ces Romains qui quittaient avec peine les travaux du labourage pour les honneurs de la dictature, et qui abandonnaient avec plaisir les faisceaux du consulat pour les insignes de la charrue; je ne voudrais à nos agens du pouvoir qu'assez de probité pour ne pas se jouer avec effronterie de la pudeur publique. Voyez Carnot, et le lustre que sa noble pauvreté répand sur sa renommée. Si vous ne pouvez lui ressembler, n'insultez pas du moins, par votre fortune privée, à la misère d'un peuple qui gémira long-temps de votre administration; et lorsque ce peuple demande à connaître le nom de ceux qui se sont enrichis du fruit de ses sueurs, ne lui refusez pas la liste de ces traitans modernes; et si vous taisez un scandale qui fut votre ouvrage, votre majorité ne peut empêcher que la nation française n'interprète contre vous tout ce que ce silence renferme en lui-même de scandaleux.

Qu'avons-nous obtenu dans la discussion du budget? rien, absolument rien pour l'éclaircissement des comptes, pour le soulagement du peuple. Mais que ne devons-nous pas à cette ligue des deux minorités qui, après avoir cédé au pouvoir toutes nos libertés, lui cède encore sans examen nos dernières ressources! C'est là ce qui nous éclaire sur l'avenir qui nous menace; c'est là qu'éclatent tous les projets des amis du pouvoir et des partisans de l'oligarchie : si jamais ils sont les maîtres, le présent nous échappe et l'avenir se ferme devant nous; l'abjection et la misère du peuple, voilà tout ce qui nous est promis.

Cette discussion cependant vient d'ajouter un nouvel éclat à de brillantes réputations; le côté gauche s'est couvert d'une gloire nouvelle; le patriotisme, la raison, la justice ont parlé par la bouche de tous ses orateurs; les sophismes l'ont emporté sur les vérités, les voix sur les raisons, le nombre sur l'équité; l'intérêt public est le jouet de nos ministres; la fortune, la liberté, la dignité de la France sont les hochets de quelques hommes : mais ces hommes passeront, la France restera.

LES FAUSSES NOUVELLES.

Les fausses nouvelles n'obtiennent de crédit que lorsque, comme aujourd'hui, la presse est enchaînée. En France, où tout le monde s'occupe de politique, où chacun veut pénétrer les mystères de la diplomatie, on a besoin de nouvelles; les journaux ne pouvant publier toutes celles qui leur parviennent, on en crée, on en fabrique de toute sorte; et il n'est bruit, si ridicule qu'il soit, qui ne trouve

des curieux pour l'accueillir et des crédules pour le répandre. Les fausses nouvelles ont souvent été un moyen d'ac-
tion pour les divers gouvernemens qui se sont succédé
depuis trente années ; maintenant ce moyen est sans crédit
pour le pouvoir, parce que le pouvoir en a trop souvent
abusé. Le gouvernement, d'ailleurs, ayant seul la faculté
de dire ce qu'il veut, on repousse les vérités qu'il cherche
à propager, quand ces vérités lui sont favorables, tandis,
au contraire, qu'on accueille les mensonges que la malveil-
lance répand, lorsque ces mensonges sont contraires aux
intérêts du gouvernement. Ce n'est là que l'un des mille
inconvéniens de l'esclavage de la presse.

Combien de nouvelles ridicules, de bruits fâcheux, n'ont
pas déjà été répandus depuis un mois que la censure des
journaux est rétablie. L'incident le plus imprévu a été trans-
formé en insurrection long-temps méditée ; le plus mince
événement a été peint sous les plus noires couleurs, les
exclamations les plus innocentes et les plus patriotiques ont
été transformées en cris séditieux, ou en complots dangereux.

C'est ainsi, par exemple, que dernièrement, on parlait
mystérieusement de l'événement arrivé à Lyon vers le
15 avril. Il n'est personne qui n'ait entendu répéter qu'à la
suite d'une émeute populaire, occasionée par l'arrivée
d'un régiment de Suisses, ce régiment avait menacé le peuple de faire feu sur lui ; qu'il était sur le point de réaliser
ces fatales menaces, lorsque la légion de la Nièvre, qui
tenait garnison dans la ville, est accourue au secours des
habitans, et a elle-même tiré sur les Suisses, qui ont été ex-
terminés. Ces fausses nouvelles circulaient à Paris, lorsqu'on
a appris le départ précipité du préfet du Rhône, qui a ino-
pinément abandonné la chambre des députés où il siégeait,
pour retourner en toute hâte dans son département. Cette
circonstance a donné du poids aux nouvelles de Lyon ;
pendant deux jours elles ont retenti dans les salons et dans
les lieux publics ; on ne variait que sur les détails, mais

l'on s'accordait sur le fond ; et comme les journaux ont gardé le silence, tout le monde a cru, pendant vingt-quatre heures, qu'on s'était égorgé à Lyon.

L'affaire pourtant n'a pas été à beaucoup près aussi sérieuse qu'on l'a supposé dans le principe. Tout s'est borné à deux ou trois rixes particulières, qui ont été calmées. La légion de la Nièvre n'a tiré ni sur les Suisses, ni sur personne ; seulement, lorsque le général l'a passée en revue, elle a fait retentir l'air d'acclamations en faveur de la charte ; et comme depuis les derniers événemens de Rennes ces acclamations sous considérées comme séditieuses, la légion de la Nièvre a reçu, par le télégraphe, l'ordre exprès de partir dans la nuit pour se rendre à Briançon, où elle a été, dit-on, licenciée, et où son brave colonel a reçu une dépêche qui lui annonçait sa destitution. Les Lyonnais ont perdu des soldats français qui leur inspiraient de la confiance et de la sécurité, et pour compenser cette perte, on leur a laissé des soldats étrangers. Voilà, dans sa plus simple expression, le récit de ce qui s'est passé à Lyon. Que si l'on dit que les esprits ne sont pas tranquilles, on ne dira que la vérité ; mais toujours est-il que les bruits faux qui ont circulé étaient d'une nature beaucoup plus fatale que les nouvelles vraies qui n'ont pas encore été publiées.

Un prince part-il pour aller visiter quelques départemens du midi ? soudain les faiseurs de nouvelles sont aux champs ; il ne s'agit de rien moins que d'un soulèvement vers les frontières d'Espagne ; des légions sont en rébellion ; le peuple, à l'exemple des Espagnols, qui secondent ses vœux, veut secouer le joug, et le prince va commander une armée de dix-huit ou même de trente mille hommes, qu'on réunit au pied des Pyrénées. Qu'y a-t-il de vrai dans tout cela ? c'est que le prince est parti en effet ; mais que sa présence à Bayonne ou à Perpignan n'est pas d'une grande urgence ; car, au lieu de prendre la route directe d'Espagne, il a pris celle de Dijon. Quant à la révolte des légions et des habitans, voici ce qui paraît le plus vraisemblable : deux ou trois cents Espagnols des frontières, dans la direction de Carcassonne, venaient de proclamer la constitution ; c'est-à-dire la liberté ; dans l'accès de leur joie, ils sont venus fraterniser avec une légion française qui se trouvait dans leur voisinage ; les soldats et les Espagnols se sont répandus dans les cabarets, et tandis que les uns criaient : *vivent les cortès! vive Ferdinand!* les autres répondaient : *vive la charte! vive Louis XVIII!* Les officiers ont voulu faire cesser ces joyeuses scènes qui leur paraissaient dangereuses; ils n'ont pas pu y parvenir ; les cris *séditieux* ont continué, la légion a été remplacée par une autre, et celle-ci s'est montrée aussi *séditieuse* que celle dont elle a pris la place. On ne sait pas encore si les colonels ont été destitués.

Parcourez les campagnes de l'Isère, vous n'y trouverez pas un village où l'on n'ait fait répandre des *nouvelles à la main* qui ont aussi trouvé des gens crédules pour les accueillir, et dans lesquelles il est encore question de révolte, de soulèvement. Le fait est que si les habitans de l'Isère éprouvent, comme tous les citoyens, des alarmes assez vives sur le sort de nos institutions constitutionnelles, personne ne s'est révolté. Les électeurs se sont rendus avec calme au collége électoral, et là, comme à Rouen et à Saintes, ils ont nommé un député qui va venir renforcer ce nouveau bataillon sacré de la chambre, dont les efforts en faveur de la liberté semblent prendre chaque jour plus d'énergie et plus de puissance.

Veut-on expliquer la conduite inexplicable d'un député de la Seine-Inférieure, qui a dû son élection aux amis de la charte, et qui s'asseoit au côté gauche, se lève avec le centre, et vote avec le côté droit? on vous dira que cet élu du peuple a dans sa poche sa nomination à la chambre des pairs, et qu'on ne lui expédiera ses lettres d'institution qu'à la fin de la session, pourvu toutefois qu'il seconde jusqu'au bout les projets du ministère. Peut-on supposer de telles transactions, et ne faut-il pas ranger aussi ces bruits honteux dans la catégorie des fausses nouvelles?

Ceux qui veulent absolument pénétrer les plus secrètes intentions, ne supposent-ils pas que si le ministère et les députés du centre ont tant insisté pour que les listes de l'emprunt demeurassent inconnues, c'est que les uns et les autres avaient pour cela d'excellentes raisons? Prêtez l'oreille à celui-ci : il vous dira que si les listes avaient été publiées, on y aurait vu la preuve que les ministres ont partagé entre eux et leurs adhérens la presque totalité des énormes bénéfices de cet emprunt, dont les charges en dernier résultat ont été supportées par les contribuables. Écoutez cet autre : il ne craindra pas d'affirmer que si l'on eût imprimé les listes, on y aurait trouvé le secret d'une trentaine de votes ministériels qui ne se sont jamais démentis. Ne faut-il pas regarder encore tous ces on dit comme de fausses nouvelles? il serait trop affligeant de penser qu'ils ne sont pas contraires à la vérité.

Et le dernier projet de loi sur les élections? à combien de bruits contradictoires n'a-t-il pas donné lieu? Les uns prétendent qu'il a été rédigé pour complaire aux ultras, auxquels on ne refuse plus rien; les autres affirment qu'il ne doit être favorable qu'aux vues du ministère, quel que soit le système qu'il adopte. Celui-là vous dit qu'aussitôt que ce projet sera adopté la chambre sera dissoute, qu'on attendra une nouvelle chambre pour discuter le budget de l'année courante, et c'est ainsi qu'il explique l'empressement qui a été manifesté par le rapporteur de la commission, pour faire sans délai son rapport; mais M. le rapporteur se montre-t-il moins pressé, alors un autre croit voir dans ce plus ou moins d'empressement de l'incertitude, du vague, de l'inquiétude même de la part des ministres. On vous annonce telle et telle défection, on vous dit que certains députés se sont convaincus qu'avec le nouveau projet ils ne seraient jamais réélus, et que malgré leur dévouement au pouvoir, ils sont décidés cette fois à lui être infidèles. Comme si les députés de la nation allaient chercher ailleurs que dans leur conviction et dans leur conscience, leurs opinions et leurs votes.

Les faiseurs de fausses nouvelles exploitent à la fois Paris, les départemens et l'étranger. A Paris, un haut personnage a-t-il oublié de paraître à la chapelle de la cour, il est malade; ne voit-il que ses affidés, il est en grand danger; remarque-t-on quelques préparatifs de voyage dans la maison d'une princesse, il s'agit de son départ pour une ville où sa présence est devenue nécessaire; le ministre des affaires étrangères reçoit-il des dépêches importantes de Berlin, soudain l'armée prussienne, comme l'armée espagnole, va demander une constitution qu'on promet depuis six ans aux Prussiens. Tels sont les premiers fruits que les ministres ont recueillis de leurs lois d'exception : des bruits alarmans qui ne sont pas vrais, mais qui répandent l'inquiétude; des nouvelles exagérées qu'on adopte sans réflexion, et que l'on accueille avec anxiété; enfin de fausses nouvelles qui, toutes fausses qu'elles sont, n'en répandent pas moins la consternation et l'effroi.

Les ministres espèrent-ils tirer quelque parti des fausses nouvelles qui ne cessent de circuler? Il en faut convenir, les bruits les plus absurdes ont quelquefois produit de merveilleux résultats, et l'histoire n'oubliera jamais cette fameuse journée de la peur, qui fut enfantée par Mirabeau, et qui, grâce à des dangers imaginaires habilement répandus, vit, en quelques heures, la France entière prendre les armes, qu'elle ne voulut plus quitter.

FIN

IMPRIMERIE DE PLASSAN, RUE DE VAUGIRARD, N° 15.

www.ingramcontent.com/pod-product-compliance
Lightning Source LLC
Chambersburg PA
CBHW061108050726
47594CB00005B/1847